Antología Federico Gar
-Biografía del autor
-Amor de don Perlimplí
-Apéndices

Biografía del autor

Federico García Lorca (Fuente Vaqueros, Granada, 5 de junio de 1898-camino de Víznar a Alfacar, Granada, 19 de agosto2 de 1936) fue un poeta, dramaturgo y prosista español, también conocido por su destreza en muchas otras artes. Adscrito a la llamada Generación del 27, fue el poeta de mayor influencia y popularidad de la literatura española del siglo xx. Como dramaturgo se le considera una de las cimas del teatro español del siglo xx, junto con Valle-Inclán y Buero Vallejo. Murió fusilado tras el golpe de Estado que dio origen a la Guerra Civil Española solo un mes después de iniciada esta.

El término Generación del 27 parte de la fecha de diciembre de 1927, cuando se reúnen varios poetas españoles en Sevilla, en un acto organizado por la Sociedad Económica de Amigos del País para conmemorar los trescientos años de la muerte de Luis de Góngora. Cabe destacar que esta reunión es el origen de lo que algunos llaman la Generación del 27 en la que se incluyen escritores como Jorge Guillén, Pedro Salinas, Rafael Alberti, Dámaso Alonso, Gerardo Diego, Luis Cernuda, Vicente Aleixandre, Manuel Altolaguirre y Emilio Prados.

Este grupo se caracteriza por fundir las formas de la poesía tradicional (neopopularismo) con los movimientos de vanguardia; por tratar los mismos temas de una manera similar (la muerte en sentido trágico; el amor como fuerza que da sentido a la vida; preocupaciones sociales como la injusticia, la miseria, etc.), por el uso de la metáfora y la imagen; etc.

Volviendo a la vida de Lorca, se puede decir que la etapa de 1924 a 1927 fue el momento en el que el escritor llegó a su madurez como poeta.

Sin embargo, también es en esta época cuando Federico García Lorca vive, según sus palabras, «una de las crisis más hondas de mi vida», a pesar de que sus obras Canciones y Primer romancero gitano, publicados en 1927 y 1928 respectivamente, están gozando de gran éxito crítico y popular. Esta crisis fue provocada por varios acontecimientos en su vida. Por un lado, con el éxito del Romancero gitano, comenzó a verse a Lorca como costumbrista, defensor de los gitanos, ligado al folclore andaluz. Este se quejaba en una carta a Jorge Guillén diciendo: «Me va molestando un poco mi mito de gitanería. Los gitanos son un tema. Y nada más. Yo podía ser lo mismo poeta de agujas de coser o de paisajes hidráulicos. Además, el gitanismo me da un tono de incultura, de falta de educación y de poeta salvaje que tú sabes bien no soy. No quiero que me encasillen. Siento que me va echando cadenas». Y, por otro lado, se separó de Emilio Aladrén, un escultor con el que había mantenido una intensa relación afectiva. Además, esta crisis debió agravarse cuando Lorca recibió las duras críticas de Dalí y Luis Buñuel sobre el Romancero gitano.9 A pesar de esto, Lorca siguió trabajando y comenzando nuevos proyectos, como la revista Gallo de la que solo se publicaron dos números o la obra Amor de don Perlimplín con Belisa en su jardín, la cual intentó estrenar en 1929 pero fue prohibida por la censura de la Dictadura de Primo de Rivera.

El universo lorquiano se define por un palpable sistematismo: la poesía, el drama y la prosa se alimentan de obsesiones —amor, deseo, esterilidad— y de claves estilísticas constantes. La variedad de formas y tonalidades nunca atenta contra esa unidad cuya cuestión central es la frustración.

La obra poética de Lorca constituye una de las cimas de la poesía de la Generación del 27 y de toda la literatura española. La poesía lorquiana es el reflejo de un sentimiento trágico de la vida, y está vinculada a distintos autores, tradiciones y corrientes literarias. En esta poesía conviven la tradición popular y la culta. Aunque es difícil establecer épocas en la poética de Lorca, algunos críticos diferencian dos etapas: una de juventud y otra de plenitud.

El teatro de García Lorca es, con el de Valle-Inclán, el de mayor importancia escrito en castellano en el siglo XX. Es un teatro poético, en el sentido de que gira en torno a símbolos medulares —la sangre, el cuchillo o la rosa—, de que se desarrolla en espacios míticos o presenta un realismo trascendido, y de que, en fin, encara problemas sustanciales del existir. El lenguaje, aprendido en Valle-Inclán, es también poético. Sobre Lorca influyen también el drama modernista (de aquí deriva el uso del verso), el teatro lopesco (evidente, por ejemplo, en el empleo organizado de la canción popular), el calderoniano (desmesura trágica, sentido de la alegoría) y la tradición de los títeres. La producción dramática de Lorca puede ser agrupada en cuatro conjuntos: farsas, comedias «irrepresentables» (según el autor), tragedias y dramas.

Entre las farsas, escritas entre 1921 y 1928, destacan La zapatera prodigiosa, en la que el ambiente andaluz sirve de soporte al conflicto, cervantino, entre imaginación y realidad, y Amor de don Perlimplín con Belisa en su jardín, complejo ritual de iniciación al amor, que anuncia los «dramas irrepresentables» de 1930 y 1931: El público y Así que pasen cinco años, sus dos obras más herméticas, son una indagación en el hecho del teatro, la revolución y la presunta homosexualidad —la primera— y una exploración —la segunda— en el ser humano y en el sentido del vivir.

Consciente del éxito de los dramas rurales poéticos, Lorca elabora las tragedias Bodas de sangre (1933) y Yerma (1934), conjugación de mito, poesía y sustancia real.

Los problemas humanos determinan los dramas. Así, el tema de la «solterona» española (Doña Rosita la soltera, 1935), o el de la represión de la mujer y la intolerancia en La casa de Bernarda Alba (1936), para muchos la obra maestra del autor.

Amor de don Perlimplín con Belisa en su jardín

Cuadro primero

Casa de don PERLIMPLÍN. Paredes verdes con las sillas y muebles pintados en negro. Al fondo, un balcón por el que se verá el balcón de Belisa. PERLIMPLÍN viste casaca verde y peluca blanca llena de bucles. Marcolfa, criada, el clásico traje de rayas.

PERLIMPLÍN. ¿Sí?
MARCOLFA. Sí.
PERLIMPLÍN. Pero ¿por qué sí?
MARCOLFA. Pues porque sí.
PERLIMPLÍN. ¿Y si yo te dijera que no?
MARCOLFA. *(Agria)*. ¿Qué no?
PERLIMPLÍN. No.
MARCOLFA. Dígame, señor mío, las causas de ese no.
PERLIMPLÍN. *(Pausa)*. Dime tú, doméstica perseverante, las causas de ese sí.
MARCOLFA. Veinte y veinte son cuarenta...
PERLIMPLÍN. *(Escuchando)*. Adelante.
MARCOLFA. Y diez cincuenta.
PERLIMPLÍN. Vamos.
MARCOLFA. Con cincuenta años ya no se es un niño.
PERLIMPLÍN. Claro.
MARCOLFA. Yo me puedo morir de un momento a otro.
PERLIMPLÍN. ¡Caramba!
MARCOLFA. *(Llorando)*. ¿Y qué será de usted sólo en este mundo?
PERLIMPLÍN. ¿Qué sería?
MARCOLFA. Por eso tiene que casarse.
PERLIMPLÍN. *(Distraído)*. ¿Sí?
MARCOLFA. *(Enérgica)*. Sí.

PERLIMPLÍN. *(Angustiado)*. Pero Marcolfa... ¿por qué sí? Cuando yo era niño una mujer estranguló a su esposo. Era zapatero. No se me olvida. Siempre he pensado no casarme. Yo con mis libros tengo bastante. ¿De qué me va a servir?

MARCOLFA. El matrimonio tiene grandes encantos, mi señor. No es lo que se ve por fuera. Está lleno de cosas ocultas. Cosas que no está bien que sean dichas por una servidora... Ya se ve...

PERLIMPLÍN. ¿Qué?

MARCOLFA. Me he puesto colorada.

(Pausa. Se oye un piano).

UNA VOZ. *(Dentro, cantando)*.
Amor, amor.
Entre mis muslos cerrados
nada como un pez el sol.
Agua tibia entre los juncos,
amor.
¡Gallo, que se va la noche!
¡Que no se vaya, no!

MARCOLFA. Verá mi señor la razón que tengo.

PERLIMPLÍN. *(Rascándose la cabeza)*. Canta bien.

MARCOLFA. Ésa es la mujer de mi señor. La blanca Belisa.

PERLIMPLÍN. Belisa... Pero no sería mejor...

MARCOLFA. No... venga ahora mismo. *(Le coge de la mano y se acercan al balcón)*. Diga usted Belisa...

PERLIMPLÍN. Belisa...

MARCOLFA. Más alto.

PERLIMPLÍN. ¡Belisa!...

(El balcón de la casa de en frente se abre y aparece Belisa resplandeciente de hermosura. Está medio desnuda).

BELISA. ¿Quién me llama?

MARCOLFA. *(Escondiéndose detrás de la cortina del balcón)*. Conteste.

PERLIMPLÍN. *(Temblando)*. La llamaba yo.

BELISA. ¿Sí?

PERLIMPLÍN. Sí.

BELISA. Pero ¿por qué sí?

PERLIMPLÍN. Pues porque sí.
BELISA. ¿Y si yo le dijese que no?
PERLIMPLÍN. Lo sentiría... porque... hemos decidido que me quiero casar.
BELISA. *(Ríe)*. ¿Con quién?
PERLIMPLÍN. Con usted...
BELISA. *(Seria)*. Pero... *(A voces)*. Mamá, mamá, mamaíta.
MARCOLFA. Esto va bien.
(Sale la Madre con una gran peluca dieciochesca llena de pájaros, cintas y abalorios).

BELISA. Don PERLIMPLÍN se quiere casar conmigo. ¿Qué hago?
MADRE. Buenísimas tardes, encantador vecinito mío. Siempre dije a mi pobre hija que tiene usted la gracia y modales de aquella gran señora que fue su madre y a la cual no tuve la dicha de conocer.
PERLIMPLÍN. ¡Gracias!...
MARCOLFA. *(Furiosa, en la cortina)*. ¡He decidido que...! ¡Vamos!
PERLIMPLÍN. Hemos decidido que vamos...
MADRE. A contraer matrimonio, ¿no es así?
PERLIMPLÍN. Así es.
BELISA. Pero mamá... ¿Y yo?
MADRE. Tú estás conforme, naturalmente. Don PERLIMPLÍN es un encantador marido.
PERLIMPLÍN. Espero serlo, señora.
MARCOLFA. *(Llamando a don PERLIMPLÍN)*. Esto está casi terminado.
PERLIMPLÍN. ¿Crees tú? *(Hablan)*.
MADRE. *(A Belisa)*. Don PERLIMPLÍN tiene muchas tierras. En las tierras hay muchos gansos y ovejas. Las ovejas se llevan al mercado. En el mercado dan dineros por ellas. Los dineros dan la hermosura... Y la hermosura es codiciada por los demás hombres.
PERLIMPLÍN. Entonces...
MADRE. Emocionadísima... Belisa... vete dentro... no está bien que una doncella oiga ciertas conversaciones.
BELISA. Hasta luego... *(Se va)*.

MADRE. Es una azucena… Ve usted su cara. *(Bajando la voz)*. Pues si la viese por dentro… ¡Como de azúcar!… Pero… ¡perdón! No he de ponderar estas cosas a persona tan moderna y competentísima como usted…
PERLIMPLÍN. ¿Sí?
MADRE. Sí… lo he dicho sin ironía.
PERLIMPLÍN. No sé cómo expresarle nuestro agradecimiento…
MADRE. ¡Oh!… nuestro agradecimiento… qué delicadeza tan extraordinaria. El agradecimiento de su corazón y el de usted mismo… Lo he entendido… lo he entendido… A pesar que hace veinte años que no trato a un hombre.
MARCOLFA. La boda…
PERLIMPLÍN. La boda…
MADRE. En cuanto quiera… aunque… *(Saca un pañuelo y llora)*. A todas las madres… Hasta luego… *(Se va)*.
MARCOLFA. ¡Por fin!
PERLIMPLÍN. ¡Ay Marcolfa, Marcolfa, en qué mundo me vas a meter!
MARCOLFA. En el mundo del matrimonio.
PERLIMPLÍN. Y si te soy franco, siento una sed… ¿Por qué no me traes agua?

(Marcolfa se le acerca y le da un recado al oído).

PERLIMPLÍN. ¿Quién lo puede creer?
(Se oye el piano. El teatro queda en penumbra. Belisa descorre las cortinas de su balcón. Se ve a Belisa casi desnuda cantando lánguidamente).

VOZ DE BELISA.
¡Amor! ¡Amor!
Entre mis muslos cerrados
nada como un pez el sol.
MARCOLFA. ¡Hermosa doncella!
PERLIMPLÍN. ¡Como de azúcar!… blanca por dentro. ¿Será capaz de estrangularme?
MARCOLFA. La mujer es débil si se la asusta a tiempo.
VOZ DE BELISA.
¡Amor!

¡Gallo que se va la noche!
Que no se vaya, no.
PERLIMPLÍN. ¿Qué dice Marcolfa? ¿Qué dice? *(Marcolfa ríe)*. ¿Y qué es esto que me pasa?... ¿Qué es esto?
(Sigue sonando el piano. Por el balcón pasa una bandada de pájaros de papel negro).

Cuadro segundo

Sala de don Perlimplín. En el centro hay una gran cama con dosel y penachos de plumas. En las paredes hay seis puertas. La primera de la derecha sirve de entrada y salida a don Perlimplín. Es la primera noche de casados.

(Marcolfa, con un candelabro, en la puerta primera de la izquierda).

MARCOLFA. Buenas noches.
VOZ DE BELISA. Adiós, Marcolfa.
(Sale Perlimplín vestido magníficamente).

MARCOLFA. Buena noche de boda tenga mi señor.
PERLIMPLÍN. Adiós, Marcolfa.
(Sale Marcolfa. Perlimplín se dirige de puntillas a la habitación de enfrente y mira desde la puerta).

Belisa... con tantos encajes pareces una ola y me das el mismo miedo que de niño tuve al mar. Desde que tú viniste de la iglesia está mi casa llena de rumores secretos y el agua se entibia ella sola en los vasos... ¡Ay!... Perlimplín... ¿dónde estás, Perlimplín? *(Sale de puntillas).*

(Aparece Belisa vestida con un gran traje de dormir lleno de encajes. Una cofia inmensa le cubre la cabeza y lanza una cascada de puntillas y entredoses hasta sus pies. Lleva el pelo suelto y los brazos desnudos).

BELISA. La criada perfumó esta habitación con tomillo y no con menta como yo le indiqué... *(Va hacia el lecho).* Ni puso a la cama las finas ropas de hilo que tiene. Marcolfa... *(En este momento suena una música suave de guitarras. Belisa cruza las manos sobre el pecho).* ¡Ay! El que me busque con ardor me encontrará. Mi sed no se apaga nunca, como nunca se apaga la sed de los mascarones que echan el agua en las fuentes. *(Sigue la música).* ¡Ay qué música, Dios mío! ¡Qué música! Como el plumón caliente de los cisnes... ¡Ay! Pero ¿soy yo?, ¿o es la música?

(Se echa sobre los hombros una gran capa de terciopelo rojo y pasea por la escena. Calla la música y se oyen cinco silbidos).

BELISA. Son cinco.
(Aparece Perlimplín).

PERLIMPLÍN. ¿Te molesto?
BELISA. ¿Cómo es posible?
PERLIMPLÍN. ¿Tienes sueño?
BELISA. *(Irónica)*. ¿Sueño?
PERLIMPLÍN. La noche se ha puesto un poco fría. *(Se frota las manos).*
(Pausa).

BELISA. *(Decidida)*. Perlimplín.
PERLIMPLÍN. *(Temblando)*. ¿Qué quieres?
BELISA. *(Vaga)*. Es un bonito nombre, Perlimplín.
PERLIMPLÍN. Más bonito es el tuyo, Belisa.
BELISA. *(Riendo)*. ¡Oh! ¡Gracias!
(Pausa corta).

PERLIMPLÍN. Yo quería decirte una cosa.
BELISA. ¿Y es?
PERLIMPLÍN. He tardado en decidirme… Pero…
BELISA. Di.
PERLIMPLÍN. Belisa… ¡yo te amo!
BELISA. ¡Oh, caballerito!… es ésa tu obligación.
PERLIMPLÍN. ¿Sí?
BELISA. Sí.
PERLIMPLÍN. Pero ¿por qué sí?
BELISA. *(Mimosa)*. Pues porque sí.
PERLIMPLÍN. No.
BELISA. ¡Perlimplín…!
PERLIMPLÍN. No, Belisa. Antes de casarme contigo yo no te quería.
BELISA. *(Guasona)*. ¿Qué dices?

PERLIMPLÍN. Me casé... ¡por lo que fuera!, pero no te quería. Yo no había podido imaginarme tu cuerpo hasta que lo vi por el ojo de la cerradura cuando te vestían de novia. Y entonces fue cuando sentí el amor, ¡entonces!, como un hondo corte de lanceta en mi garganta.
BELISA. *(Intrigada)*. Pero ¿y las otras mujeres?
PERLIMPLÍN. ¿Qué mujeres?
BELISA. Las que tú conociste antes.
PERLIMPLÍN. Pero ¿hay otras mujeres?
BELISA. *(Levantándose)*. ¡Me estás asombrando!
PERLIMPLÍN. El primer asombrado soy yo. *(Pausa. Se oyen los cinco silbidos)*. ¿Qué es eso?
BELISA. El reloj.
PERLIMPLÍN. ¿Son las Cinco?
BELISA. Hora de dormir.
PERLIMPLÍN. ¿Me das permiso para quitarme la casaca?
BELISA. Desde luego *(Bostezando)*, maridito. Y apaga la luz si te place.
PERLIMPLÍN. *(Apaga la luz. En voz baja)*. Belisa.
BELISA. *(En voz alta)*. ¿Qué, hijito?
PERLIMPLÍN. *(En voz baja)*. He apagado la luz.
BELISA. *(Guasona)*. Ya lo veo.
PERLIMPLÍN. *(En voz mucho más baja)*. Belisa...
BELISA. *(En voz más alta)*. ¿Qué?, ¿encanto?
PERLIMPLÍN. ¡Te adoro!

(Dos Duendes saliendo por lados opuestos del escenario corren una cortina de tonos grises. Queda el teatro en penumbra, con dulce tono de sueño. Suenan flautas. Deben ser dos niños. Se sientan en la concha del apuntador cara al público).

DUENDE 1º ¿Cómo te va por lo oscurillo?
DUENDE 2º Ni bien ni mal, compadrillo.
DUENDE 1º Ya estamos.
DUENDE 2º Y qué te parece. Siempre es bonito tapar las faltas ajenas.
DUENDE 1º Y que luego el público se encarga de destaparlas.

DUENDE 2º Porque si las cosas no se cubren con toda clase de preocupaciones...

DUENDE 1º No se descubren nunca.

DUENDE 2º Y sin este tapar y destapar...

DUENDE 1º ¡Qué sería de las pobres gentes!

DUENDE 2º *(Mirando la cortina)*. ¡Que no quede ni una rendija!

DUENDE 1º Que las rendijas de ahora son oscuridad mañana. *(Ríen)*.

DUENDE 2º Cuando las cosas están claras...

DUENDE 1º El hombre se figura que no tiene necesidad de descubrirlas.

DUENDE 2º Y se van a las cosas turbias para descubrir en ellas secretos que ya sabía.

DUENDE 1º Pero para eso estamos nosotros aquí. ¡Los duendes!

DUENDE 2º ¿Tú conocías a Perlimplín?

DUENDE 1º Desde niño.

DUENDE 2º ¿Y a Belisa?

DUENDE 1º Mucho. Su habitación exhalaba un perfume tan intenso, que una vez me quedé dormido y desperté entre las garras de sus gatos. *(Ríen)*.

DUENDE 2º Este asunto estaba...

DUENDE 1º ¡Clarísimo!

DUENDE 2º Todo el mundo se lo imaginaba.

DUENDE 1º Y el comentario huiría hacia medios más misteriosos.

DUENDE 2º ¡Por eso! Que no se descorra todavía nuestra eficaz y socialísima pantalla.

DUENDE 1º ¡No, que no se enteren!

DUENDE 2º El alma de Perlimplín, chica y asustada como un patito recién nacido, se enriquece y sublima en estos instantes...

(Ríen).

DUENDE 1º El público está impaciente.

DUENDE 2º Y tiene razón. ¿Vamos?

DUENDE 1º Vamos. Ya siento un dulce fresquillo por mis espaldas.

DUENDE 2º Cinco frías camelias de madrugada se han abierto en las paredes de la alcoba.

DUENDE 1º Cinco balcones sobre la ciudad.

(Se levantan y se echan unas grandes capuchas azules).

DUENDE 2º Don Perlimplín. ¿Te hacemos un mal o un bien?

DUENDE 1º Un bien… porque no es justo poner ante las miradas del público el infortunio de un hombre bueno.

DUENDE 2º Es verdad, compadrillo: que no es lo mismo decir «yo he visto» que «se dice».

DUENDE 1º Mañana lo sabrá toda la gente.

DUENDE 2º Y es lo que deseamos.

DUENDE 1º Comentario quiere decir mundo.

DUENDE 2º Chist…

(Empiezan a sonar las flautas).

DUENDE 1º Chist…

DUENDE 2º ¿Vámonos por el oscurillo?

DUENDE 1º Vámonos ya, compadrillo.

DUENDE 2º ¿Ya?

DUENDE 1º ¡Ya!

(Corren la cortina. Aparece don Perlimplín en la cama [con unos grandes cuernos de ciervo en la cabeza]. Belisa a su lado. Los cinco balcones del fondo están abiertos de par en par. Por ellos entra la luz Blanca de la madrugada).

PERLIMPLÍN. *(Despertando).* Belisa, Belisa. ¡Contesta!

BELISA. *(Fingiendo que despierta).* Perlimplinito. ¿Qué quieres?

PERLIMPLÍN. ¡Dime pronto!

BELISA. ¿Qué te voy a decir? ¡Yo quedé dormida mucho antes que tú!

PERLIMPLÍN. *(Se echa de la cama. Va vestido con casaca).* ¿Por qué están los balcones abiertos?

BELISA. Porque esta noche ha corrido el aire como nunca.

PERLIMPLÍN. ¿Por qué tienen los balcones cinco escalas que llegan al suelo?

BELISA. Porque así es la costumbre en el país de mi madre.

PERLIMPLÍN. Y ¿de quiénes son aquellos cinco sombreros que veo debajo de los balcones?

BELISA. *(Saltando de la cama en espléndida toilette).* De los borrachitos que van y vienen, Perlimplinillo, ¡amor!

PERLIMPLÍN. *(Mirándola y quedándose embobado).* ¡Belisa! ¡Belisa! ¿Y por qué no? Todo lo explicas bien. Estoy conforme. ¿Por qué no ha de ser así?

BELISA. *(Mimosa).* No soy mentirosilla.

PERLIMPLÍN. Y yo cada minuto te quiero más.

BELISA. Así me gusta.

PERLIMPLÍN. ¡Por primera vez en mi vida estoy contento! *(Se acerca y la abraza, pero en ese instante se retira bruscamente de ella).* Belisa. ¿Quién te ha besado? ¡No mientas, que lo sé!

BELISA. *(Cogiéndose el pelo y echándolo por delante).* ¡Ya lo creo que lo sabes! ¡Qué maridito tan bromista tengo! *(En voz baja).* ¡Tú! ¡Tú me has besado!

PERLIMPLÍN. ¡Sí! Yo te he besado... ¿pero y si te hubiese besado alguien más...? Si te hubiese besado alguien más... ¿tú me quieres?

BELISA. *(Levantando un brazo desnudo).* Sí, Perlimplín chiquitito.

PERLIMPLÍN. Entonces... ¿qué me importa?... *(Se dirige a ella y la abraza).* ¿Eres Belisa?...

BELISA. *(Mimosa y en voz baja).* ¡Sí!, ¡sí!, ¡sí!, ¡sí!

PERLIMPLÍN. ¡Casi me parece un sueño!

BELISA. *(Reaccionando).* Mira, Perlimplín, cierra los balcones, que antes de nada se levantará la gente...

PERLIMPLÍN. ¿Para qué? Como los dos hemos dormido lo bastante veremos el amanecer... ¿No te gusta?

BELISA. Sí, pero... *(Se sienta en la cama).*

PERLIMPLÍN. Nunca había visto la salida del sol... *(Belisa, rendida, cae sobre las almohadas).* Es un espectáculo que... parece mentira... ¡me conmueve!... ¿Y a ti?, ¿no te gusta? *(Se dirige hacia el lecho).* Belisa, ¿estás dormida?

BELISA. *(Entre sueños).* Sí.

(Perlimplín, de puntillas, la cubre con un manto. Una luz intensa y dorada entra por los balcones. Bandadas de pájaros de papel los cruzan entre el sonido de las campanas matinales. Perlimplín se ha sentado al borde de la cama).

PERLIMPLÍN.
Amor, amor
que estoy herido.
Herido de amor huido,
herido,
muerto de amor.
Decid a todos que ha sido
el ruiseñor.
Bisturí de cuatro filos,
garganta rota y olvido.
Cógeme la mano, amor,
que vengo muy mal herido,
herido de amor huido,
¡herido!
¡Muerto de amor!
Telón.

Cuadro tercero

Comedor de Perlimplín. Las perspectivas están equivocadas deliciosamente. La mesa con todos los objetos pintados como en una «Cena» primitiva.

PERLIMPLÍN. ¿Lo harás como te digo?
MARCOLFA. *(Llorando).* Descuide el señor.
PERLIMPLÍN. Marcolfa, ¿por qué sigues llorando?
MARCOLFA. Por lo que sabe su merced. La noche de boda entraron cinco personas por los balcones. Cinco. Representantes de las cinco razas de la tierra. El europeo con su barba, el indio, el negro, el amarillo y el norteamericano. Y usted sin enterarse...
PERLIMPLÍN. Eso no tiene importancia...
MARCOLFA. Figúrese. Ayer la vi con otro.
PERLIMPLÍN. *(Intrigado).* ¿Cómo?
MARCOLFA. Y no se ocultó de mí.
PERLIMPLÍN. Pero yo soy feliz, Marcolfa.
MARCOLFA. Me deja asombrada el señor.
PERLIMPLÍN. Feliz como no tienes idea. He aprendido muchas cosas y, sobre todo, puedo imaginarlas...
MARCOLFA. Mi señor la quiere demasiado.
PERLIMPLÍN. No tanto como ella merece.
MARCOLFA. Aquí llega.
PERLIMPLÍN. Vete.

(Se va Marcolfa y Perlimplín se oculta en un rincón. Entra Belisa).

BELISA. Tampoco he conseguido verlo. En mi paseo por la alameda venían todos detrás menos él. Debe tener la piel morena y sus besos deben perfumar y escocer al mismo tiempo como el azafrán y el clavo. A veces pasa por debajo de mis balcones y mece su mano lentamente en un saludo que hace temblar mis pechos.
PERLIMPLÍN. ¡Ejem!
BELISA. *(Volviéndose).* ¡Oh! ¡Qué susto me has dado!

PERLIMPLÍN. *(Acercándose cariñoso).* Observo que hablas sola.

BELISA. *(Fastidiada).* ¡Quita!

PERLIMPLÍN. ¿Quieres que demos un paseo?

BELISA. No.

PERLIMPLÍN. ¿Quieres que vayamos a la confitería?

BELISA. ¡He dicho que no!

PERLIMPLÍN. Perdona.

(Una piedra en la que hay una carta arrollada cae por el balcón. Perlimplín la recoge).

BELISA. *(Furiosa).* ¡Dame!

PERLIMPLÍN. ¿Por qué?

BELISA. ¡Porque eso era para mí!

PERLIMPLÍN. *(Burlón).* ¿Quién te lo ha dicho?

BELISA. ¡Perlimplín! ¡No la leas!

PERLIMPLÍN. *(Poniéndose fuerte en broma).* ¿Qué quieres decir?

BELISA. *(Llorando).* ¡Dame esa carta!

PERLIMPLÍN. *(Acercándose).* ¡Pobre Belisa! Porque comprendo tu estado de ánimo te entrego este papel que tanto supone para ti... *(Belisa coge el papel y lo guarda en el pecho).* Yo me doy cuenta de las cosas. Y aunque me hieren profundamente comprendo que vives un drama.

BELISA. *(Tierna).* ¡Perlimplín!...

PERLIMPLÍN. Yo sé que tú me eres fiel y lo sigues siendo.

BELISA. *(Gachona).* No conocí más hombre que mi Perlimplinillo.

PERLIMPLÍN. Por eso quiero ayudarte como debe hacer todo buen marido cuando su esposa es un dechado de virtud... Mira. *(Cierra las puertas y adopta un aire de misterio).* ¡Yo lo sé todo!... Me di cuenta en seguida. Tú eres joven y yo soy viejo... ¡Qué le vamos a hacer!... pero lo comprendo perfectamente. *(Pausa. En voz baja).* ¿Ha pasado hoy por aquí?

BELISA. Dos veces.

PERLIMPLÍN. ¿Y te ha hecho señas?

BELISA. Sí... pero de una manera un poco despectiva... ¡y eso me duele!

PERLIMPLÍN. No temas. Hace quince días vi a ese joven por vez primera. Te puedo decir con toda sinceridad que su belleza me deslumbró. Jamás he visto un hombre en que lo varonil y lo delicado se den de una manera más armónica. Sin saber por qué, pensé en ti.

BELISA. Yo no le he visto la cara... pero...

PERLIMPLÍN. No tengas miedo de hablarme... yo sé que tú le amas... Ahora te quiero como si fuera tu padre... ya estoy lejos de las tonterías... así es...

BELISA. Él me escribe cartas.

PERLIMPLÍN. Ya lo sé.

BELISA. Pero no se deja ver.

PERLIMPLÍN. Es raro.

BELISA. Y hasta parece... que me desprecia.

PERLIMPLÍN. ¡Qué inocente eres!

BELISA. Lo que no cabe duda es que me ama como yo deseo...

PERLIMPLÍN. *(Intrigado)*. ¿Dices?

BELISA. Las cartas de los otros hombres que yo he recibido... y que no he contestado porque tenía a mi maridito, me hablaban de países ideales, de sueños y de corazones heridos... pero estas cartas de él... mira...

PERLIMPLÍN. Habla sin miedo.

BELISA. Hablan de mí... de mi cuerpo...

PERLIMPLÍN. *(Acariciándole los cabellos)*. ¡De tu cuerpo!

BELISA. «¿Para qué quiero tu alma? —me dice—. El alma es el patrimonio de los débiles, de los héroes tullidos y las gentes enfermizas. Las almas hermosas están en los bordes de la muerte, reclinadas sobre cabelleras blanquísimas y manos macilentas. Belisa. ¡No es tu alma lo que yo deseo!, ¡sino tu blanco y mórbido cuerpo estremecido!».

PERLIMPLÍN. ¿Quién será ese bello joven?

BELISA. Nadie lo sabe.

PERLIMPLÍN. ¿Nadie? *(Inquisitivo)*.

BELISA. Yo he preguntado a todas mis amigas.

PERLIMPLÍN. *(Misterioso y decidido)*. ¿Y si yo te dijera que lo conozco?

BELISA. ¿Es posible?

PERLIMPLÍN. *(Se levanta).* Espera. *(Va al balcón).* ¡Aquí está!
BELISA. *(Corriendo).* ¿Sí?
PERLIMPLÍN. Acaba de volver la esquina.
BELISA. *(Sofocada).* ¡Ay!
PERLIMPLÍN. Como soy un viejo quiero sacrificarme por ti. Esto que yo hago no lo hizo nadie jamás.

Pero ya estoy fuera del mundo y de la moral ridícula de las gentes. Adiós.
BELISA. ¿Dónde vas?
PERLIMPLÍN. *(Grandioso, en la puerta).* ¡Más tarde lo sabrás todo! ¡Más tarde!
Telón.

Cuadro cuarto

Jardín de cipreses y naranjos. Al levantarse el telón aparecen Perlimplín y Marcolfa en el jardín.

MARCOLFA. ¿Es hora ya?
PERLIMPLÍN. No. Todavía no es hora.
MARCOLFA. ¿Pero qué ha pensado mi señor?
PERLIMPLÍN. Todo lo que no había pensado antes.
MARCOLFA. *(Llorando).* ¡Yo tengo la culpa!
PERLIMPLÍN. ¡Oh!... ¡Si vieras qué agradecimiento guarda mi corazón hacia ti!
MARCOLFA. Antes todo estaba liso. Yo le llevaba por las mañanas el café con leche y las uvas.
PERLIMPLÍN. Sí... ¡las uvas!, las uvas, pero ¿y yo?... Me parece que han transcurrido cien años. Antes no podía pensar en las cosas extraordinarias que tiene el mundo... Me quedaba en las puertas... En cambio ahora... El amor de Belisa me ha dado un tesoro precioso que yo ignoraba... ¿Ves? Ahora cierro los ojos y... veo lo que quiero... por ejemplo... a mi madre cuando la visitaron las hadas de los contornos... ¡Oh!... ¿tú sabes cómo son las hadas?... pequeñitas... ¡es admirable!, ¡pueden bailar sobre mi dedo meñique!
MARCOLFA. Sí, sí, las hadas, las hadas... pero ¿y lo otro?
PERLIMPLÍN. ¡Lo otro! ¡Ah! *(Con satisfacción).* ¿Qué le dijiste a mi mujer?
MARCOLFA. Aunque no sirvo para estas cosas, le dije lo que me indicó el señor... que ese joven... vendría esta noche a las diez en punto al jardín, envuelto como siempre en su capa roja.
PERLIMPLÍN. ¿Y ella?...
MARCOLFA. Ella se puso encendida como un geranio, se llevó las manos al corazón y quedó besando apasionadamente sus hermosas trenzas de pelo.
PERLIMPLÍN. *(Entusiasmado).* De manera que se puso encendida como un geranio... y ¿qué te dijo?

MARCOLFA. Suspiró nada más. ¡Pero de qué manera!

PERLIMPLÍN. ¡Oh sí!… ¡Como mujer alguna lo hizo!, ¿verdad?

MARCOLFA. Su amor debe rayar en la locura.

PERLIMPLÍN. *(Vibrante).* ¡Eso es! Yo necesito que ella ame a ese joven más que a su propio cuerpo y ¡no hay duda que lo ama!

MARCOLFA. *(Llorando).* ¡Me da miedo de oírlo!… Pero ¡cómo es posible! Don Perlimplín, ¿cómo es posible? ¡Que usted mismo fomente en su mujer el peor de los pecados!

PERLIMPLÍN. ¡Porque don Perlimplín no tiene honor y quiere divertirse! ¡Ya ves! Esta noche vendrá el nuevo y desconocido amante de mi señora Belisa. ¿Qué he de hacer sino cantar?

(Cantando).

¡Don Perlimplín no tiene honor!
¡No tiene honor!

MARCOLFA. Sepa mi señor que desde este momento me considero despedida de su servicio. Las criadas tenemos también vergüenza.

PERLIMPLÍN. ¡Oh, inocente Marcolfa!… Mañana estarás libre como el pájaro… Aguarda hasta mañana… Ahora vete y cumple con tu deber… ¿Harás lo que te dije?

MARCOLFA. *(Yéndose enjugando sus lágrimas).* ¿Qué remedio me queda? ¡Qué remedio!

PERLIMPLÍN. ¡Bien! ¡Así me gusta!

(Empieza a sonar una dulce serenata. Don Perlimplín se esconde detrás de unos rosales.

BELISA. *(Dentro, cantando).*
Por las orillas del río
se está la noche mojando.
VOCES.
Se está la noche mojando.
BELISA.
Y en los pechos de Belisa
se mueren de amor los ramos.
VOCES.
Se mueren de amor los ramos.

PERLIMPLÍN. *(Recitando).*
¡Se mueren de amor los ramos!
BELISA.
La noche canta desnuda
sobre los puentes de marzo.
VOCES.
Sobre los puentes de marzo.
BELISA.
Belisa lava su cuerpo
con agua salobre y nardos.
VOCES.
Con agua salobre y nardos.
PERLIMPLÍN.
¡Se mueren de amor los ramos!
BELISA.
La noche de anís y plata
relumbra por los tejados.
VOCES.
Relumbra por los tejados.
BELISA.
Plata de arroyos y espejos
y anís de tus muslos blancos.
VOCES.
Y anís de tus muslos blancos.
PERLIMPLÍN.
¡Se mueren de amor los ramos!
(Aparece Belisa por el jardín. Viene espléndidamente vestida. La luna ilumina la escena).

BELISA. ¿Qué voces llenan de dulce armonía el aire de una sola pieza de la noche? He sentido tu calor y tu peso, delicioso joven de mi alma... ¡Oh!... las ramas se mueven. *(Aparece un Hombre envuelto en una capa roja y cruza el jardín cautelosamente).* Chist... ¡Es aquí!, ¡aquí!... *(El Hombre indica con la mano que ahora vuelve).* ¡Oh, sí... vuelve, amor mío! Jazminero flotante y sin raíces, el cielo caerá sobre mi espalda sudorosa... ¡Noche!... noche mía de menta y lapislázuli...
(Aparece Perlimplín).

PERLIMPLÍN. *(Sorprendido).* ¿Qué haces aquí?

BELISA. Paseaba.
PERLIMPLÍN. ¿Y nada más?
BELISA. En la clara noche.
PERLIMPLÍN. *(Enérgico)*. ¿Qué hacías aquí?
BELISA. *(Sorprendida)*. Pero ¿no lo sabías?
PERLIMPLÍN. Yo no sé nada.
BELISA. Tú me enviaste el recado.
PERLIMPLÍN. *(Concupiscente)*. Belisa..., ¿lo esperas aún?
BELISA. ¡Con más ardor que nunca!
PERLIMPLÍN. *(Fuerte)*. ¿Por qué?
BELISA. Porque lo quiero.
PERLIMPLÍN. ¡Pues vendrá!
BELISA. El olor de su carne le pasa a través de su ropa. Le quiero, Perlimplín, ¡le quiero! ¡Me parece que soy otra mujer!
PERLIMPLÍN. Ése es mi triunfo.
BELISA. ¿Qué triunfo?
PERLIMPLÍN. El triunfo de mi imaginación.
BELISA. Es verdad que me ayudaste a quererlo.
PERLIMPLÍN. Como ahora te ayudaré a llorarlo.
BELISA. *(Extrañada)*. Perlimplín, ¿qué dices?...
(El reloj da las diez. Canta el ruiseñor).

PERLIMPLÍN. ¡Ya es la hora!
BELISA. Debe llegar en estos instantes.
PERLIMPLÍN. Salta las tapias de mi jardín.
BELISA. Envuelto en su capa roja.
PERLIMPLÍN. *(Sacando un puñal)*. Roja como su sangre...
BELISA. *(Sujetándole)*. ¿Qué vas a hacer?
PERLIMPLÍN. *(Abrazándola)*. Belisa, ¿le quieres?
BELISA. *(Con fuerza)*. ¡Sí!
PERLIMPLÍN. Pues en vista de que le amas tanto yo no quiero que te abandone. Y para que sea tuyo completamente se me ha ocurrido que lo mejor es clavarle este puñal en su corazón galante. ¿Te gusta?
BELISA. ¡Por Dios, Perlimplín!

PERLIMPLÍN. Ya muerto, lo podrás acariciar siempre en tu cama tan lindo y peripuesto sin que tengas el temor de que deje de amarte. Él te querrá con el amor infinito de los difuntos y yo quedaré libre de esta oscura pesadilla de tu cuerpo grandioso. *(Abrazándola)*. Tu cuerpo... que nunca podría descifrar... *(Mirando al jardín)*. Míralo por dónde viene... Pero suelta, Belisa... ¡suelta! *(Sale corriendo)*.

BELISA. *(Desesperada)*. Marcolfa, bájame la espada del comedor que voy a atravesar la garganta de mi marido. *(A voces)*.

Don Perlimplín
marido ruin,
como le mates
te mato a ti.

(Aparece entre las ramas un Hombre envuelto en una amplia y lujosa capa roja. Viene herido y vacilante).

BELISA. ¡Amor!... ¿quién te ha herido en el pecho? *(El Hombre se oculta la cara con la capa. Ésta debe ser inmensa y cubrirle hasta los pies. Abrazándolo)*. ¿Quién abrió tus venas para que llenes de sangre mi jardín...? ¡Amor! Déjame ver tu rostro por un instante siquiera... ¡Ay!, ¿quién te dio muerte?... ¿quién?

PERLIMPLÍN. *(Descubriéndose)*. Tu marido acaba de matarme con este puñal de esmeraldas. *(Enseña el puñal clavado en el pecho)*.

BELISA. *(Espantada)*. ¡Perlimplín!

PERLIMPLÍN. Él salió corriendo por el campo y no le verás más nunca. Me mató porque sabía que te amaba como nadie. Mientras me hería... gritó: ¡Belisa ya tiene un alma!... Acércate.

(Está tendido en el banco).

BELISA. ¿Pero qué es esto?... ¡Y estás herido de verdad!

PERLIMPLÍN. Perlimplín me mató... ¡Ah, don Perlimplín! Viejo verde, monigote sin fuerzas, tú no podías gozar el cuerpo de Belisa... El cuerpo de Belisa era para músculos jóvenes y labios de ascuas... Yo en cambio amaba tu cuerpo nada más... ¡tu cuerpo!... pero me ha matado... con este ramo ardiente de piedras preciosas.

BELISA. ¿Qué has hecho?

PERLIMPLÍN. *(Moribundo)*. ¿Entiendes?... Yo soy mi alma y tú eres tu cuerpo... Déjame en este último instante, puesto que tanto me has querido, morir abrazado a él.

BELISA. *(Se acerca medio desnuda y lo abraza)*. Sí... ¿pero y el joven?... ¿Por qué me has engañado?

PERLIMPLÍN. ¿El joven?... *(Cierra los ojos)*.

(La escena adquiere luz mágica).

MARCOLFA. *(Entrando)*. ¡Señora!

BELISA. *(Llorando)*. ¡Don Perlimplín ha muerto!

MARCOLFA. ¡Lo sabía! Ahora le amortajaremos con el rojo traje juvenil con que paseaba bajo sus mismos balcones.

BELISA. *(Llorando)*. ¡Nunca creí que fuese tan complicado!

MARCOLFA. Se dio cuenta demasiado tarde. Yo le haré una corona de flores como un sol de mediodía.

BELISA. *(Extrañada y en otro mundo)*. Perlimplín, ¿qué cosa has hecho, Perlimplín?

MARCOLFA. Belisa, ya eres otra mujer... Estás vestida por la sangre gloriosísima de mi señor.

BELISA. ¿Pero quién era este hombre? ¿Quién era?

MARCOLFA. El hermoso adolescente al que nunca verás el rostro.

BELISA. Sí, sí, Marcolfa, le quiero, le quiero con toda la fuerza de mi carne y de mi alma. Pero ¿dónde está el joven de la capa roja?... Dios mío. ¿Dónde está?

MARCOLFA. Don Perlimplín, duerme tranquilo... ¿La estás oyendo?... Don Perlimplín... ¿la estás oyendo?...

(Suenan campanas).

Telón.

Apéndices

Amor de don Perlimplín con Belisa en su jardín es una obra dramática breve escrita por Federico García Lorca en 1933. En ella el protagonista, un hombre anciano que no conocía el amor, se enamora de la joven con la que se casó por fuerza. Sin embargo esta se enamora de otro hombre. La trama conforma una tierna pero desgarrada tragicomedia.

Printed in Great Britain
by Amazon